ROTHSCHILD

La famiglia più potente del mondo

Mayer Amschel Rothschild

La famiglia più potente del mondo: i ROTHSCHILD

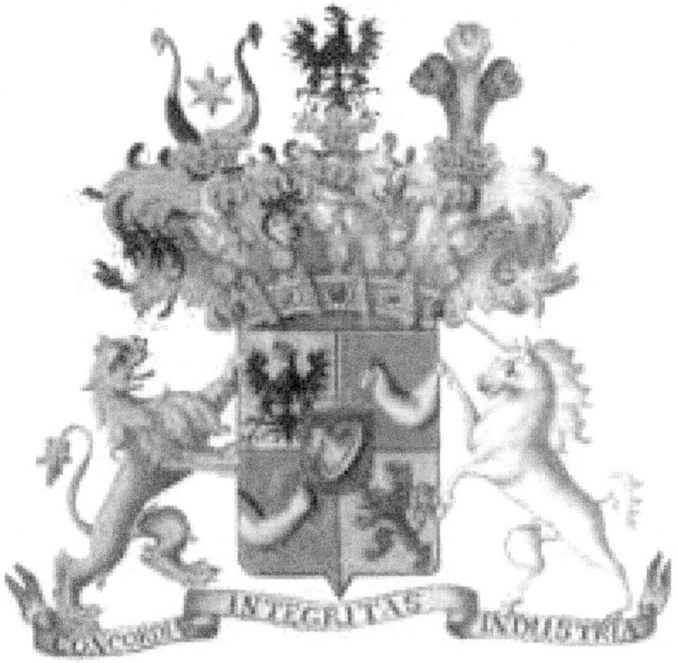

L'ALBERO GENEALOGICO

Mayer Amschel Rothschild (1744-1812), banchiere
fondatore della dinastia
x 1770: Gertrude Schnapper (1753-1849)
│
└──> **Kalmann Mayer Rothschild** (1788-1855), banchiere
    fondatore del ramo « di Napoli »
    x 1818: Adelheid Herz (1800-1853)
    │
    ├──> Charlotte von Rothschild (1819-1884)
    │   x 1836: Lionel de Rothschild (1808-1879)
    │   vedi ramo di Londra
    │
    └──> Mayer Carl von Rothschild (1820-1886)
        x 1842: Louise von Rothschild (1820-1894)

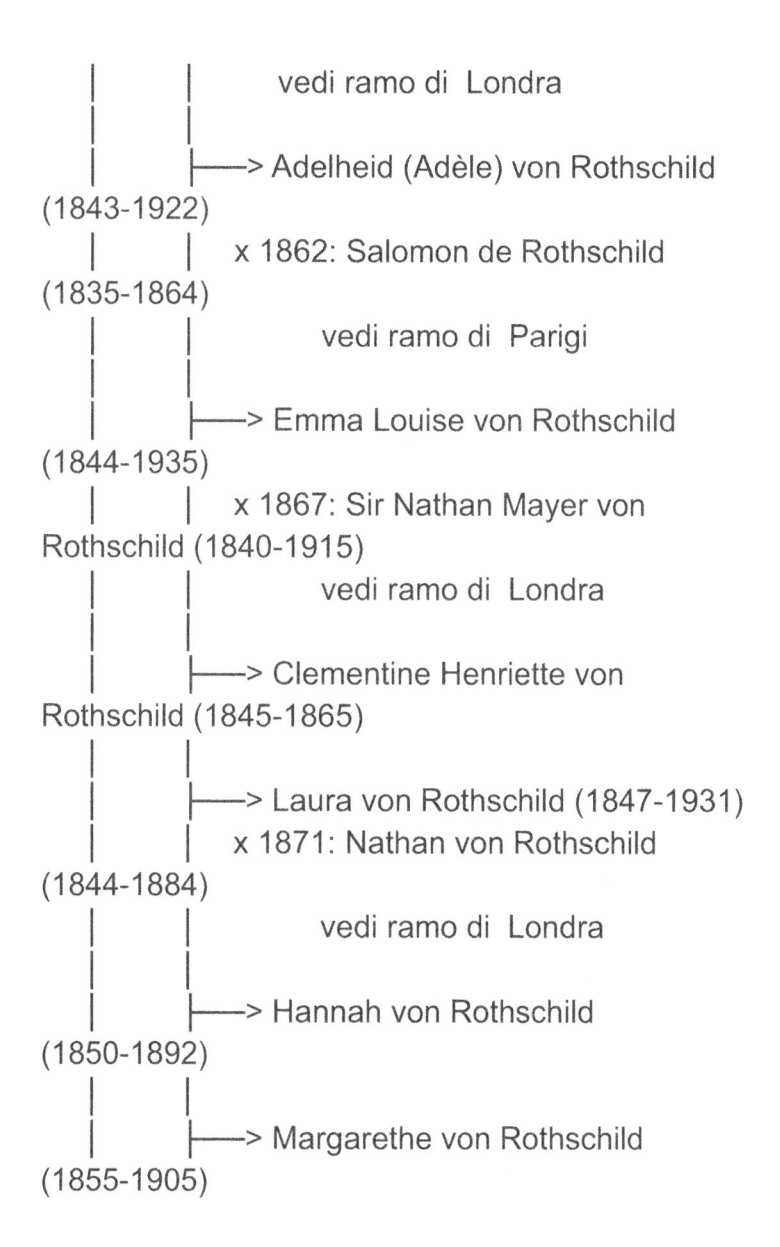

```
|   |        vedi ramo di Londra
|   |
|   ├──> Adelheid (Adèle) von Rothschild (1843-1922)
|   |   x 1862: Salomon de Rothschild (1835-1864)
|   |        vedi ramo di Parigi
|   |
|   ├──> Emma Louise von Rothschild (1844-1935)
|   |   x 1867: Sir Nathan Mayer von Rothschild (1840-1915)
|   |        vedi ramo di Londra
|   |
|   ├──> Clementine Henriette von Rothschild (1845-1865)
|   |
|   ├──> Laura von Rothschild (1847-1931)
|   |   x 1871: Nathan von Rothschild (1844-1884)
|   |        vedi ramo di Londra
|   |
|   ├──> Hannah von Rothschild (1850-1892)
|   |
|   ├──> Margarethe von Rothschild (1855-1905)
```

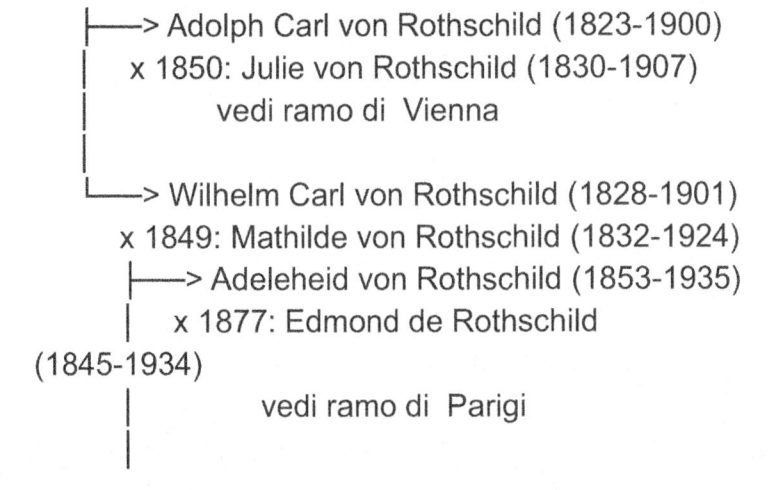

```
|        |    x 1878: Agénor de Gramont
(1851-1925)
|        |
|        └──> Bertha Clara von Rothschild
(1862-1903)
|             x 1882: Alexandre Berthier, 3 principe
di Wagram (1836-1911)
|
```

```
├──> Adolph Carl von Rothschild (1823-1900)
|    x 1850: Julie von Rothschild (1830-1907)
|         vedi ramo di Vienna
|
└──> Wilhelm Carl von Rothschild (1828-1901)
     x 1849: Mathilde von Rothschild (1832-1924)
     ├──> Adeleheid von Rothschild (1853-1935)
     |   x 1877: Edmond de Rothschild
(1845-1934)
         |         vedi ramo di Parigi
         |
```

├──> Minna Caroline von Rothschild (1857-1903)
       x 1878: Maximilian Benedict Goldschmidt (1843-1940)
       (Goldschmidt-Rothschild en 1878, baron von Goldschmidt-Rothschild en 1907)
│
    └──> Lili von Goldschmidt-Rothschild (1883-1925)
       x 1906: Philipp Schey von Koromla (1881-1929)
         vedi ramo di Worms

I ROTHSCHILD. Chi sono, da dove vengono e cosa fanno nella vita

Seppur ebrei dichiarati (ma solo per secondi fini) sono i Guardiatesori del Vaticano, la più importante carica che il Vaticano "dona" dato che costoro controllano il tesoro del Vaticano dal 1823.

Hanno fondato il supermercato Esselunga tramite un loro uomo dal nome **Rockefeller**.

La moglie di uno di loro, Arielle, è il vice-presidente della organizzazione Francese umanitaria CARE e rappresenta il suo paese al consiglio di amministrazione di CARE International;

Il vino più costoso del mondo, lo Chateau Lafite, porta il nome Rothschild, così come altri vini pregiati: Champagne Brut, Bordeuax Mouton, e tanti altri.

Negli anni Venti e Trenta le etichette di Chateau Mouton furono disegnate da pittori famosi del calibro di Mirò, Dali, Braque, Chagall e Picasso.

Eppure è stato dimostrato in tanti libri e da un'infinita di studiosi, che Adolf Hitler e i nazisti sono stati creati e finanziati dai Rothschild.

Furono loro che organizzarono l'ascesa al potere di Hitler attraverso società segrete a capo degli Illuminati presenti in Germania, come la Società Thule, la Società Vril e altre; furono i Rothschild a finanziare Hitler attraverso la Banca d'Inghilterra e altre fonti sono la Banca Kuhn Loeb, che finanziò anche la Rivoluzione Russa.

Non solo Hitler fu sostenuto dai Rothschild, ma diverse prove dicono che lui fosse un Rothschild. Tra cui il libro dello psicanalista Walter Langer, *The mind of Hitler*. Questo calza a pennello sulla propaganda organizzata dagli Illuminati per spianare la strada al potere ad Adolf Hitler.

Egli venne sostenuto anche dai **Windsor** (in realtà casata tedesca dei Sassonia-Coburgo-Gotha), e tra questi figurava **Lord Mountbatten**, un **Rothschild**, un **satanista**.

I dati sul legame tra nazisti-britannici devono ancora emergere del tutto, ma uno studioso di nome Langer ha scritto:

"Il padre di Adolf, Alois Hitler, era figlio illegittimo di Maria Anna Schiklgruber. Si pensava fosse Georg Hiedler.

Ma (…)ciò è altamente improbabile(in Austria era saltato fuori un documento)(…)che dimostra che Maria Anna S. fosse a Vienna al momento del concepimento. A quel tempo era la domestica del barone Rothschild..(precisamente Salomon mayer De Rothschild padre di Anselm Von Rothschild, che insieme a Charlotte, figlia di Nathan Rothschild, diede alla luce Albert Salomon De Rothschild.Egli sposò la Baronessa Bettina Caroline de Rothschild del ramo francese della famiglia, figlia di Alphonse James De Rothschild,e insieme diedero alla luce Luis De Rothschild.)

Non appena scoperta la sua gravidanza fu cacciata...e nacque Alois".

Le informazioni di Langer provengono da un alto ufficiale della Gestapo, Hansjurgen Koelher, e furono pubblicate nel 1940 col titolo Inside the Gestapo.

Quel fascicolo scrisse "provocò tanto scompiglio quanto mai prima".

Egli rivelò anche che:

> "(...)Attraverso quei fascicoli scoprimmo tramite certificato di nascita, scheda di registrazione della

polizia, i protocolli ecc, alcune cose che il cancelliere tedesco riuscì a ricomporre come un puzzle, dandogli una coerenza logica".

"Una giovane serva (la nonna di Hitler) arrivò a Vienna e divenne domestica presso alcune delle famiglie più potenti e ricche di Vienna.

Ma, sfortunata, venne sedotta e abbandonata mentre aspettava un bambino e venne rispedita al villaggio natale…Qual era la famiglia viennese presso cui lavorava? Non era una domanda poi così difficile.

A Vienna era già da tempo in funzione un registratore obbligatorio presso il commissariato di polizia, ella lavorava presso i...Rothschild(ma dai!? P301)e il nonno ignoto di Hitler doveva trovarsi in quella casa.

Il fascicolo Dolfuss si fermava a questa osservazione".

Forse Hitler era così determinato a conquistare l'Austria per distruggere ogni traccia del suo retaggio?

Infatti l'unico membro della **Famiglia Rothschild** che ebbe problemi con Hitler fu **Luis De Rothschild,** del ramo austriaco proprietario della Famiglia, fu arrestato e poi liberato in seguito alla cessione dei suoi beni in Austria,tra cui le bellissima dimore, Palais Rothschild, piene di collezione d'arte e antichità.

"Mi pare che Hitler conoscesse le sue origini ancor prima di diventare Cancelliere.

Come suo padre, quando il gioco si fece duro, si trasferì a Vienna; poco dopo la morte della madre nel dicembre 1907, Adolf partì per Vienna. Pare che là abbia fatto perdere ogni sua traccia per 10 mesi!

Ciò che fece in quel periodo è un mistero, ma noi possiamo presupporre che si fosse intrattenuto a conoscere i suoi cugini e per valutare il suo potenziale in vista di future eventuali imprese".

Philip Eugene de Rothschild, sostiene di essere un discendente dei Rothschild come lo fu Hitler o altre migliaia di persone cresciute e allevate da essi, prima di essere affidati a famiglie di facciata, al fine di ricoprire posizioni di privilegio sotto falso nome e illegittimamente.

Ma quale dei Rothschild era il nonno di Hitler?

Alois Hitler, il padre nacque nel 1837 nel periodo in cui **Salomon Mayer** era l'unico **Rothschild** che viveva a Vienna.

Persino la moglie era tornata a Francoforte dopo il fallimento del loro matrimonio.

Il loro figlio, **Anselm Salomon**, trascorse la maggior parte della sua vita lavorativa tra Parigi e Francoforte, lontano da Vienna e dal padre.

Così, il vecchio e solo **Salomon Mayer Rothschild** è il sospettato numero 1.

Alois (Rothschild) Hitler (1837-1903).

Salomon Mayer von Rothschild (September 9, 1774, Frankfurt/Main – July 28, 1855, Paris)

Hermann von Goldschmidt, figlio di un impiegato di Salomon Mayer, scrisse un libro pubblicato nel 1917, che riporta a proposito si Solomon: "...dal 1840 aveva sviluppato un particolare entusiasmo per le giovinette"...e..."aveva una passione lasciva per le bambine, e le sue avventure con loro furono messe a tacere dalla polizia".

La nonna di Hitler era una giovane ragazza che lavorava sotto quello stesso tetto e che divenne ben presto oggetto delle attenzioni e voglie di Mr Salomon.

E rimase incinta proprio mentre era in servizio in quella casa.

Suo nipote divenne cancelliere tedesco, grazie all'appoggio finanziario dei Rothschild, e diede inizio alla Seconda Guerra Mondiale che fu così centrale per il piano globale degli Illuminati."

L' Israele che si conosce ora (la Regione West Bank compresa) è stata voluta da codesti i quali hanno finanziato la campagna elettorale di Hitler attraverso i finanziamenti del nonno di Bush (Prescott Bush degli Skull & Bones) tramite la Union Bank. Hanno speso tanti soldi per "condurre" milioni di persone in poco tempo da un continente ad un altro.

Il Premio Rothschild ("Rothschild Prize") è tra i più ambiti tra le Università in Israele.

Posseggono il The Economist e Liberation.

Sono direttamente collegati alla Monsanto, posseggono la British Petroleum, ora tristemente famosa, ed a tantissime altre Multinazionali.

Quello che si nasconde dietro la disgregazione della Jugoslavia e i conflitti all'interno dei Balcani è una sottile tela di personaggi collegati alle più potenti lobbies bancarie che hanno a capo questa famiglia.

Prima della battaglia di Waterloo finanziarono entrambi gli schieramenti, come da prassi, e riuscirono a sapere qualche giorno prima, tramite una rete di corrieri ben organizzata, che il Duca di Wellington vinse su Napoleone, questo permise loro di guadagnare in modo sporco tantissime sterline dato che fecero credere agli inglesi che la guerra era stata persa e l'invasione da parte dei francesi era ormai inevitabile ed imminente.Questa fu una delle tante operazioni che rese famoso **Nathan Rothschild.**

Da questa rete di corriere nacque il Mossad!!

Nathan Mayer Rothschild

nato a Francoforte 16 Settembre 1777

morto 28 luglio 1836 (58 anni)

Francoforte

Sono i maggiori advisor ed a loro tantissimi Gruppi chiedono consulenza prima di avviare trattative finanziarie. Comune di Roma, Juventus, Alitalia, Intesa Sanpaolo, Abn Amro, Marazzi, Unilever, Mps, Telecom, Bpi, West Ham, Murdoch, Banca Popolare di Milano, Tiscali, Ubi Banca, Luxottica, Ente Cinema del ministero del Tesoro, British Telecom, Banca Italease, Paramount, Eni, Time Warner, Banca Carige, Credit Agricole e Mediaset sono solo alcuni dei tantissimi clienti ai quali fanno "consulenza", chiamiamola cosi. Solo per fare un esempio: hanno gestito la privatizzazione di Cinecittà.

La conquista degli Stati che componevano la Penisola italiana e, in particolare, del ricco Regno delle Due Sicilie da parte dei Savoia non fu solo dettata dall'esigenza di rientrare dall'esposizione nei confronti di una delle loro "Banche" che aveva già investito parecchio nelle avventure belliche piemontesi.

Nella spedizione dei Mille il ruolo della massoneria inglese, capeggiato da loro, fu determinante con un finanziamento di tre milioni di franchi ed il monitoraggio costante dell'impresa.

Henry Kissinger (nato Heinz Alfred Kissinger; Fürth, 27 maggio 1923) è un politico statunitense di origine tedesca. È stato il 56° segretario di stato degli Stati Uniti durante le presidenze di Richard Nixon e di Gerald Ford. È un membro del Gruppo Bilderberg.

Henry Kissinger, il probabile mandante dell'assassinio di **Aldo Moro** (secondo la vedova di Moro stesso), assieme ai **Bush** frequenta e ha frequentato spesso le ville americane del ramo d' oltreoceano di questa famiglia tant'è che uno dei suoi ultimi festeggiamenti per il suo compleanno è stato organizzato dai **Rothschild** stessi.

Paul Myners, Baron Myners, CBE (1 April 1948)

Paul Myners,

un impiegato di una delle loro Banche, è il Segretario per i servizi finanziari inglesi e ricopre anche la carica di Primo Ministro del National Economic Council, nel 2007 ha dato £ 12.700 per la campagna di leadership di **Gordon Brown.**

James Gordon Brown (Glasgow, 20 febbraio 1951) è un politico britannico. È stato il Primo Ministro del Regno Unito dal 27 giugno 2007 al 11 maggio 2010, nonché ex capo del Partito Laburista.

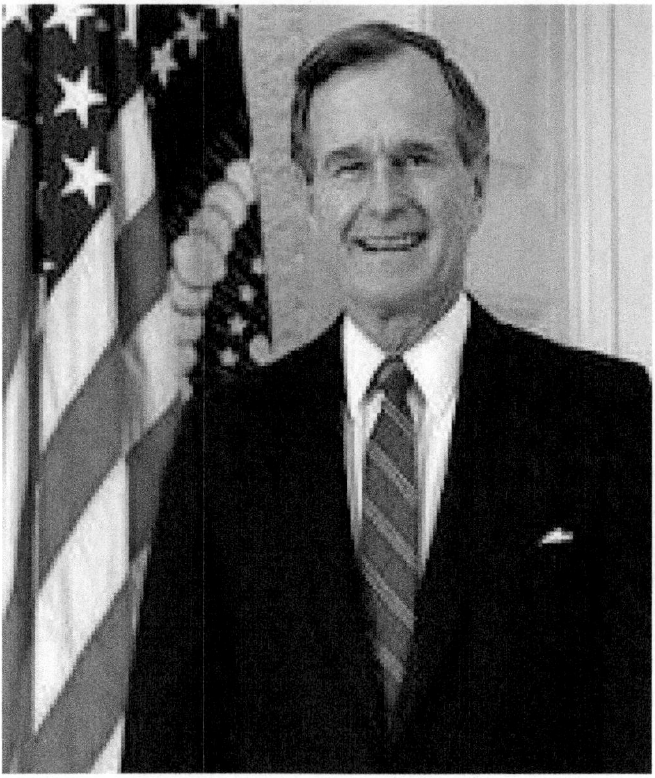

George Herbert Walker Bush e George Walker Bush

Nella tenuta di campagna di Jacob, Reagan, Bush e Kissinger sono di casa. Ed è Nathaniel, «Nath», suo figlio, ad essere considerato il più brillante e il più carico di aspettative della sesta generazione. Dopo una tradizionalissima laurea ad Oxford, una sbandata per una modella con cui è fuggito per un anno in Asia, un divorzio

complicato e superpagato (l'ex moglie, secondo alcuni tabloids, minacciava rivelazioni intime sulla breve esperienza coniugale), il trentenne Nath vive adesso tra New York e la Svizzera, e lavora, manco a dirlo, nella finanza. La crescita inarrestabile dei suoi hedge fund garantisce il futuro della tradizione di famiglia
Lynn de Rothschild coi coniugi Clinton

Bank of China

Lavora fianco a fianco con il ramo francese dato che è entrata nel capitale della Compagnie Financière Rothschild con una partecipazione del 20%. Heer appartiene ad una ricca famiglia di banchieri svizzeri e sostiene che i suoi dirigenti della Banca (la suddetta famiglia) lo avrebbero costretto ad effettuare le operazioni più ignobili.

Una delle sue accuse è quella di avergli fatto consegnare **5 milioni di dollari in contanti ai killer del banchiere Calvi prima che partissero per Londra per impiccarlo sotto il Ponte dei frati neri nel 1982**. Heer sostiene anche che i dirigenti della stessa Banca avrebbero avuto rapporti stretti con personaggi criminali legati alla mafia tramite la Loggia P2. Come se tutto questo non bastasse, ha lanciato accuse dirette al barone Rothschild, ex presidente della banca, che a suo parere avrebbe aiutato ricchi e disonesti italiani nelle loro operazioni fraudolente. Altro che Tangentopoli!

John Le Carrè scrisse **"La talpa"** ispirandosi al comportamento di un inglese **(Lord Victor Rothschild)** di questa famiglia che faceva il doppio o triplo gioco facendo finta di lavorare per i servizi segreti britannici, successivamente per quelli russi, per poi arrivare a dire che faceva solo i propri interessi (o della famiglia); nell'indagine che scaturi la vicenda **solo lui fù salvato** direttamente dal tempestivo intervento della **Regina d'Inghilterra** (sua parente) la quale però non fece altrettanto per gli altri 4 componenti del team i quali furono condannati per spionaggio, tradimento e altro.

Nathaniel Mayer Victor Rothschild, 3rd Baron Rothschild,

(31 October 1910 – 20 March 1990)

il figlio di Nathaniel Charles Rothschild e Rozsika Rothschild (nata von Edle Wertheimstein).

Emma, della famiglia in questione, è la donna misteriosa delle indagini sull' uccisione del premier svedese Olof Palme; costei doveva essere interrogata da almeno 12 funzionari della Polizia svedese, gli investigatori erano convinti che la donna fosse l' amante di Palme e potesse fornire elementi utilissimi alle indagini.

Ad aprile del 1990 il quotidiano svedese "Dagens Nyheter" scrisse che Il Gran Maestro della loggia P2 Licio Gelli avrebbe spedito, tre giorni prima dell'assassinio di Palme, questo telegramma ad un agente

Cia: "dite al vostro amico che l'albero svedese sarà abbattuto".

LONDRA - **Lady D sognava di entrare alla Casa Bianca come first lady dopo essersi innamorata di un ricco magnate americano, incontrato da lord Rothschild, potente banchiere di origine ebrea. Riguardo poi alla sua storia d' amore con Dodi al-Fayed, sarebbe stato un escamotage per far ingelosire Hasnat Khan, medico pachistano, la sua unica, grande passione. Sono alcune delle rivelazioni contenute in "Nos plus belles années", ultimo libro di Paul Barrel - maggiordomo, confidente, segretario particolare della principessa di Galles - che uscirà giovedì prossimo in Francia.**

Nel libro di Paul Berrel uscito nel 2006 sono persino coinvolti nell'indagine della morte di **Lady D. dato che un loro Lord viene** nominato come amico (?) del ricco magnate americano il quale aveva intenzione di andare alla Casa Bianca e portarsi Lady Diana come First Lady.

Tra i tanti investimenti che coinvolsero la famiglia viene spesso evocato il prestito che ha permesso al governo britannico di costruire il canale di Suez.

Impiegarono appena un' ora per raccogliere la somma richiesta dagli inglesi!!!!!

Dopo una cerimonia su una tomba, una sera, alcuni membri della famiglia, tra i quali il barone capo del ramo francese, hanno incontrato anche l'allora cancelliere Helmut Kohl durante una festa in onore dell' antenato al quale la famiglia stessa deve gran parte della propria fortuna. Almeno cosi si dice.

Dietro Schwarzenegger c'è, oltre a Warren Buffet che è il secondo uomo più ricco d'America, lord Jacob,

il capo dell'omonima famiglia bancaria. Famosa rimane l'intervista a Terminator all'interno della quale esprimeva pensieri fascisti che potevano tenere testa a quelli di Mussolini.

Nel cda di una loro Banca omonima ci sono i proprietari di Telecom Italia, Citigroup, Heineken, Shell, Repsol, Coca Cola, Nielsen, Royal Philips Electronics, New York Times, De Beers, British Museum, BBC, Royal Bank of Scotland, British Telecom, Governatori di Banche e tantissimo altro.

In una delle loro Ville a Francoforte, nel sontuoso salone Delan M., ogni mattina e pomeriggio i rappresentanti delle cinque

Bullion houses della City si riuniscono per decidere il prezzo dell' oro.

Intorno a questa famiglia ci sono molte morti misteriose. Come in ogni famiglia che si rispetti no?!

Una loro componente fù assassinata anni fà in Italia. Un delitto maturato negli ambienti della malavita internazionale.

Venne definito: Un giallo d' alto bordo, un gran calderone in cui – almeno inizialmente – è finito di tutto, cocaina e gioielli, tele trafugate e spionaggio, sequestri e traffico d' armi, P2 e terrorismo nero. Un enigma irrisolvibile, un gioco di scatole cinesi, un puzzle a puntate.

Sir Evelyn e Lynn Forester de Rothschild con figlia

Era la ex moglie di Evelyn, si era risposata con il direttore di un grande magazzino e la cosa non andò proprio giù all'ex marito.
Si era recata nel 1980 a Roma. Non si sà bene per quale ragione avesse lasciato la capitale

per prendere alloggio in un albergo della cittadina di Sarano nelle Marche. **La ex moglie di Rothschild** a quell'epoca comprava e vendeva opere di antiquariato. Una notte, malgrado la tempesta, uscì dirigendosi verso una collina e da allora sia lei che la sua amica/compagna scomparvero. **Qualcuno disse d'aver visto un'auto con targa straniera seguire la peugeot nera di Janette May verso l'erta di Sassotetto. Due anni dopo le loro ossa furono rinvenute in una foresta ad almeno cinque chilometri da dove era stata trovata dai carabinieri la loro vettura.**

A prendere il controllo della grande banca di famiglia è stato **René David** de Rothschild. Sua moglie ,**Olimpia dei principi Aldobrandini,** appartiene alla Nobiltà nera,i suoi avi "han dato" alla Chiesa Papa Clemente VIII, ella possiede la meravigliosa villa Aldobrandini di Frascati.

Non è certo la prima volta che i Rothschild si sposano con personaggi della grande aristocrazia. Già nel 1858 Sara Louise figlia di Anselm aveva sposato un barone Franchetti, e nel 1946 lui aveva sposato una Asburgo della famiglia imperiale austriaca.

Più recentemente nel 1983 il cugino di **David**, **Eric Alain** aveva preso in moglie Maria Beatrice Caracciolo. Guy, marito anche lui dell' aristocratica contessa Marie Helene de Niclay, faceva organizzare feste le quali erano diventate la meta del jet set internazionale. La sua amicizia con il successore di De Gaulle, Georges Pompidou, era leggendaria.

In molti asserivano che il presidente francese fosse come un suo servitore.,al punto che quando vinse uno dei cavalli della scuderia Rothschild i commentatori scrissero: "è un Pompidou ad avere trionfato per Guy".

Sua moglie, madre di David era un personaggio molto diverso da quella del proprio cugino Edmond con il quale si contendeva il primo posto nella mondanità parigina. Edmond che un tempo era un fanatico religioso sempre pronto alla rinuncia in nome della tradizione ebraica, si era trasformato quando aveva sposato la bella e giovanissima ballerina modella Nadine, anche lei personaggio leggendario nella Francia del bel mondo.

Guy scrisse su Le Monde "sono stato trattato come un ebreo dai tedeschi, vengo trattato come un paria sotto Mitterrand".Quando organizzò per lo Stato pontificio un rilevante prestito, il pontefice lo ammise in udienza privata e gli fece baciare il suo anello. "Se il prestito fosse stato a condizioni ancora migliori gli avrebbero fatto baciare anche San Pietro", scrisse un giornale dell'epoca.

Lo stemma dei Rothschild francesi ha cinque frecce che puntano tutte verso l' alto mentre in quello dei Rotschild inglesi le frecce puntano verso il basso.

Raphael, 23 anni, stroncato al termine di un party nel cuore della città che conta, New York, è morto di overdose; era l'erede dato che avrebbe guidato un impero da 16.000 miliardi di lire nel 2000.

La vita che sembrava dorata del quarantenne Amschel è finita in una stanza d'albergo: un lunedì sera, poco prima di cena, una cameriera l'ha trovato impiccato nella sua camera dell'hotel Bristol, uno dei più lussuosi della capitale.

Sua moglie era Anita Guinness, della grande famiglia irlandese dei produttori di birra.

Nel 2003 la società inglese e francese fondono per diventare un'unica entità ombrello. La proprietà è equamente suddivisa tra le filiali francese ed inglese della famiglia sotto la guida di David.

Nel 1981 il Governo francese, tramite il Ministero dell' Economia, chiese la consulenza alla Banca di questa famiglia per privatizzare la Paribas.

Jimmy Goldsmith si lancia all'assalto delle "Presses de la Citè", secondo gruppo editoriale d' Oltralpe. Ad aiutarlo ci pensa proprio la banca di costoro, cugini del finanziere anglo-francese, che con lui intrattengono ottimi rapporti d'affari (David è membro del consiglio di amministrazione della Générale Occidentale, la holding di Sir Jimmy e si è associato con lui per tentare di strappare la "Cinq" al duo Hersant-Berlusconi). L'ex presidente Pompidou lavorava alla loro Banca prima di iniziare la sua carriera politica è l'attuale presidente della Compagnie financière Edmond, Bernard Esambert, è stato consigliere di Pompidou all'Eliseo come Edouard Balladur, ministro dell'Economia e numero due del governo Chirac. L'ex Primo ministro Georges Pompidou era un agente dei Rothschild.

Nel 1953 lasciò temporaneamente l'attività politica per diventare direttore generale della

Banca Rothschild, incarico che manterrà fino al maggio 1958. Il 1° giugno 1958 De Gaulle, il Presidente del Consiglio, lo nomina direttore di gabinetto. L'8 gennaio 1959 torna a lavorare per la Banca Rothschild e il 14 aprile 1962 diventa Primo Ministro Francese.

Il controllo delle quote di Mikhail Khodorkovsky della Yukos, il gigante russo del petrolio, è passato al celebre banchiere Jacob Rothschild secondo un accordo che ha concluso prima di far arrestare lo stesso Khodorkovsky. Una mossa ben congeniata che ha permesso alla famiglia Rothschild di arricchirsi tantissimo.

Sono i proprietari della British American Tobacco o BAT, la terza più grande azienda mondiale produttrice di sigarette.

I **Rothschild** controllano **Yahoo** attraverso la **Barclays** dato che i 5 azionisti maggiori di Yahoo! Inc. nell'ordine sono: Capital Research & Management CO (Los Angeles), Legg Mason Inc (Baltimora), Barclays Global Investors UK Holdings LTD (Londra), Vanguard Group Inc (Valley Forge) e Barclays Global Investors NA /CA/ (San Francisco).

Una ammissione di uno dei discendenti nel 1966: «Più di altri banchieri siamo stati riservati e reticenti su tutto ciò che riguardava la famiglia. Tutti loro hanno sviluppato una sorta di tecnica della discrezione assoluta, portandola alla perfezione».

In una lettera alla sorella di Luigi Filippo, Talleyrand, allora ambasciatore a Londra, scrisse il 15 ottobre 1830: "Il ministero britannico è sempre messo al corrente di tutto da Rothschild da dieci a dodici ore prima dei dispacci di Lord Stuart (l'ambasciatore a Parigi). Le loro navi non imbarcano passeggeri e salpano con qualsiasi tempo".

I Rothschild non si fanno scrupoli, combattono senza mezze misure chi minaccia di intaccare il loro potere e non si lasciano fermare nemmeno dalle guerre, anzi le loro capacità sono tali che riescono ad essere al contempo i banchieri di Cavour e di Metternich e la loro spregiudicatezza è pari alla loro abilità.

Franco Mattioli nel 1999, socio dello stilista Gianfranco Ferrè, ha venduto il 49 per cento detenuto nella casa di moda italiana alla merchant bank Rothschild.

Tratto da "Le Società segrete e il loro potere nel Ventesimo secolo", Jan van Helsing, 1995:

Nel 2005 la Deutsche Boerse ha provato a scalare la Borsa di Londra ma si è trovata un muro invalicabile costruito dai Rothschild i quali non contenti hanno guidato un' offensiva per l' acquisto di titoli di Deutsche Boerse, in modo da prepararsi a controllare la maggioranza.

Nel 2006 sapevano già con largo anticipo della crisi economica imminente e singolare è il fatto che stabilirono il prezzo per la cessione di Airbus con un valore di circa il 20% in meno.

Sono proprietari della famosa galleria londinese Colnaghi.

Ventisei lettere di Voltaire dedicate all'imperatrice Caterina II sono sparite, le preziose epistole provenivano dalla collezione Rothschild ed erano dirette al Presidente della Federazione Russa Putin.

La Fondation Adolphe de Rothschild è considerata tra la più prestigiose ed autorevoli in campo medico e viene seguita da molte autorità!

Per oltre un secolo ha offerto ai pazienti squadre mediche e chirurgiche nel campo delle malattie della testa e del collo: Oculistica, ORL, Neurologia, Neurochirurgia e Neuroradiologia Interventistica, etc.. La Fondazione è un ospedale privato che collabora con l'ospedale pubblico. Ha le migliori apparecchiature secondo la medicina ufficiale, sono considerate efficienti e forniscono al contempo servizi considerati di qualità ai suoi pazienti.

Lord Byron, il grande poeta e scrittore del XIX secolo ha scritto: "***L'ebreo Rothschild e il suo rivale Cristiano Baring, hanno il controllo del potere nel mondo***". Poco tempo fa tuttavia la Baring è crollata sotto una montagna di debiti dovuta a speculazioni ed è stata venduta. Già' al tempo i Rothschild e i Baring controllavano il traffico mondiale dell'oppio.

Sotto riporto le dichiarazione di un tale, James Calbot, le quali non fanno che confermare quello che sta scritto in molti libri tra cui consiglio:"Dope inc."

"Potrà essere una rivelazione per molte persone il fatto che il **commercio globale della droga sia controllato e gestito dalle agenzie di spionaggio.** In questo traffico mondiale di droga, l'intelligence britannica regna sovrana.

Come sanno bene le persone informate su questo argomento, MI5 e MI6 controllano molte delle altre agenzie di spionaggio al mondo (CIA, MOSSAD, ecc..) in un'ampia rete di intrighi e corruzione che ha la sua base di potere globale nel "miglio quadrato" della City di Londra.

Il mio nome è James Casbolt ed ho lavorato per il MI6 in "operazioni occulte" di traffico di cocaina con l'IRA ed il MOSSAD a Londra e Brighton fra il 1995 e il 1999. Anche mio padre Peter Casbolt era nel MI6 e lavorò con la CIA e la Mafia a Roma, trafficando cocaina in Gran Bretagna. Dalla mia esperienza ho ricavato la consapevolezza che le distinzioni di tutti questi gruppi sono sfumate a tal punto che alla fine eravamo un unico gruppo internazionale che lavorava assieme per gli stessi obiettivi.

Tra i capi di Facebook c'è un loro uomo che porta il loro nome: Jeff Rothschild

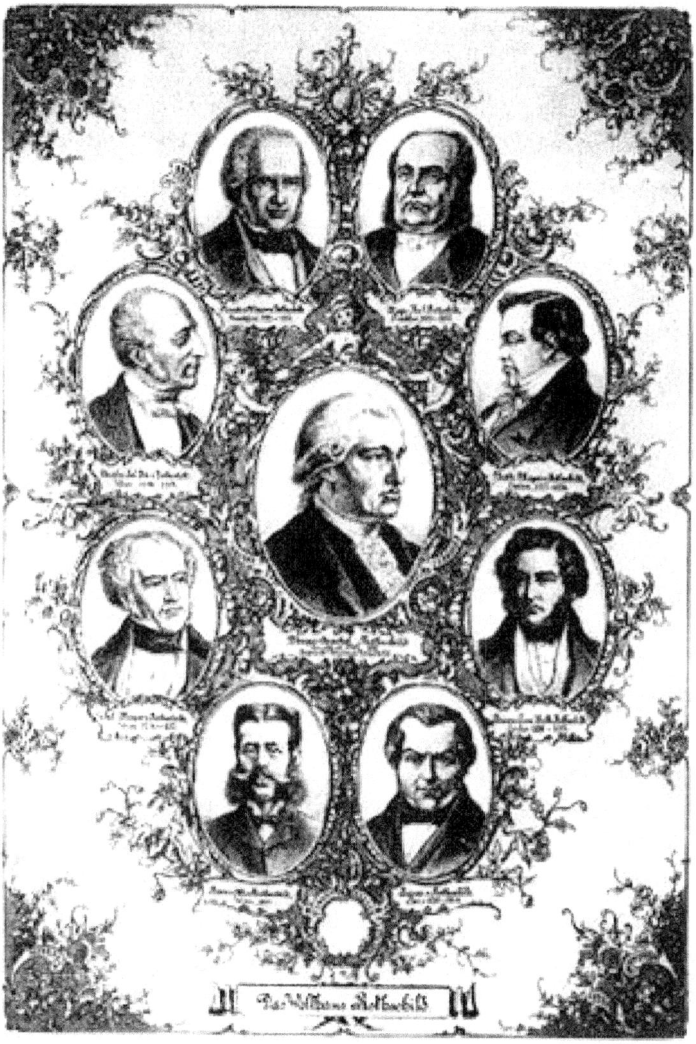

Questa è una delle tante case in campagna:

Anche questa lo è:

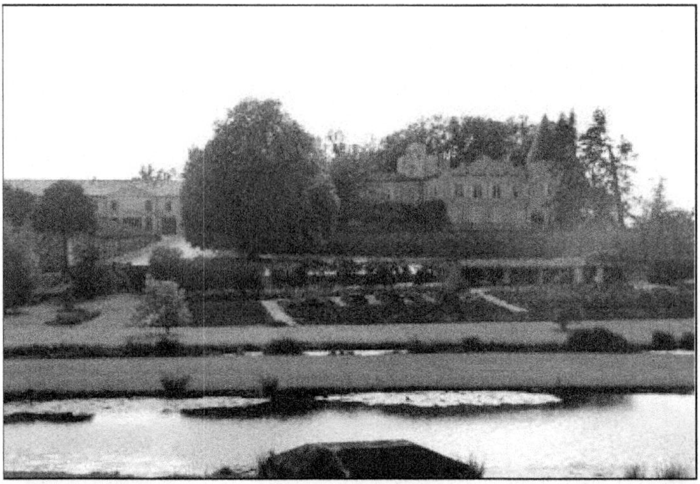

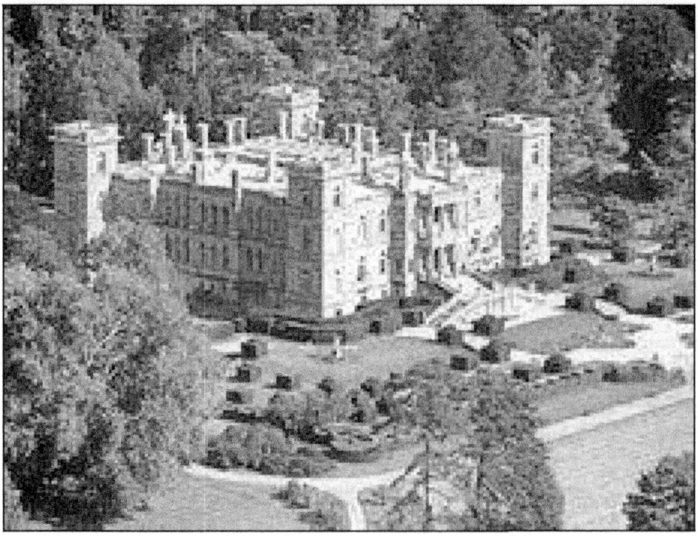

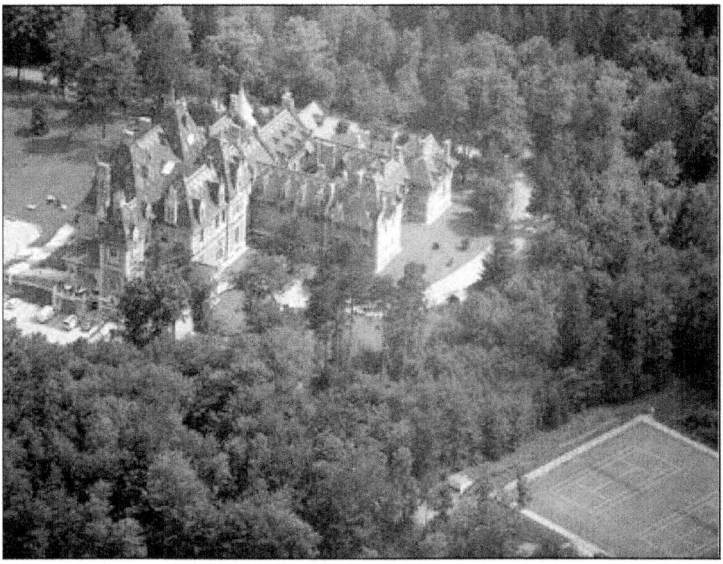

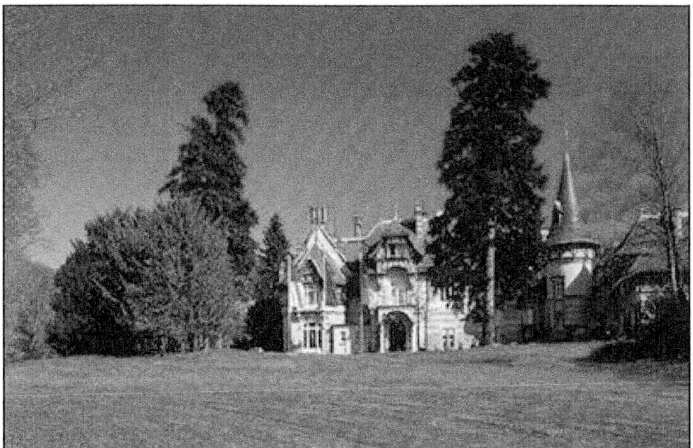

Hanno comprato la casa che era dei **parenti di Lady D**.:

West Facade, Spencer House

Abb. 602. Palais des Freiherrn Alfons von Rothschild, IV., Theresianumgasse. Gartenseite.

Abb. 601. Palais des Freiherrn Alfons von Rothschild, IV., Theresianumgasse. Gassenseite.

Abb. 599. Palais des Freiherrn Albert von Rothschild, IV., Heugasse 26. Gartenseite.